FAMÍLIA   VIAGEM   **GASTRONOMIA**   MÚSICA   CRIATIVIDADE

© 2017 Tatiana Romano

Uma mensagem assustadora dos nossos advogados para você:
Nenhuma parte desta publicação pode ser reproduzida, armazenada ou transmitida, sem a permissão do editor.
Se você fez alguma dessas coisas terríveis e pensou "tudo bem, não vai acontecer nada", nossos advogados entrarão em contato para informá-lo sobre o próximo passo. Temos certeza de que você não vai querer saber qual é.

Este livro é o resultado de um trabalho feito com muito amor, diversão e gente finice pelas seguintes pessoas:
Gustavo Guertler (edição), Fernanda Fedrizzi (coordenação editorial), Germano Weirich (revisão), Celso Orlandin Jr. (capa e projeto gráfico), Carlinhos Müller (ilustrações) e Marcelo Vagner (foto da autora / quarta capa)
Obrigado, amigos.

2017
Todos os direitos desta edição reservados à
Editora Belas-Letras Ltda.
Rua Coronel Camisão, 167
CEP 95020-420 – Caxias do Sul – RS
www.belasletras.com.br

Dados Internacionais de Catalogação na Fonte (CIP)
Biblioteca Pública Municipal Dr. Demetrio Niederauer
Caxias do Sul, RS

R759p   Romano, Tatiana
            Panelaterapia: receitas para aproveitar o feriado / Tatiana Romano. _Caxias do Sul, Belas Letras, 2017.
               128 p.; 20cm.

            ISBN: 978-85-8174-372-1

            1. Gastronomia. I. Título.

17/80   CDU 641.5

Catalogação elaborada por
Maria Nair Sodré Monteiro da Cruz CRB-10/904

TATIANA ROMANO

panelaterapia

Receitas para aproveitar o feriado

Belas Letras

Sumário

Introdução 9

Carnaval 11

Pavê Especial de Sorvete 12
Lasanha à Bolonhesa 14
Farofa Fria 16
Batida de Abacaxi 18
Fricassê de Frango 20
Caldinho de Feijão Aperitivo 22
Torta Salgada de Pão Francês 24
Bolo de Chocolate Fofinho 26
Pizza de Assadeira 28
Tomatinho Aperitivo 30
Ovos Rancheiros (Cozidos no Molho) 32
Sopinha Cura Ressaca 34

Páscoa 37

Lasanha de Bacalhau com Batatas 38
Saint Peter (Tilápia) Gratinado 40
Strogonoff de Camarão 42
Brigadeirão 44
Bacalhau à Zé do Pipo 46
Lombo de Bacalhau Cozido no Azeite 48
Salmão Assado com Vegetais 50
Torta Colomba Com Mousse de Limão 52
Bombom de Travessa 54
Arroz com Bacalhau e Grão-de-bico 56
Pavê de Bombom 58
Brownie 60

Festas Juninas 63

Paçoquinha de Colher 64
Pamonha Salgada de Assadeira 66
Queijadinha 68
Cuscuz de Calabresa 70
Canjica ou Mungunzá 72
Brigadeiro Pé de Moleque 74

Bolo de Fubá 76
Quentão Paulista 78
Vinho Quente Paulista 80
Milho Cozido com Manteiga de Ervas 82
Bolo de Paçoca 84
Bolinhos de Milho e Bacon 86

Festas de Fim de Ano 89

Arroz de Festa 90
Rosca de Mascavo e Canela 92
Ave Natalina com Farofa 94
Pavê de Chocotone 96
Rabanadas 98
Bolo de Frutas e Nozes 100
Maminha Assada com Manteiga de Ervas 102
Arroz com Bacalhau, Lentilha e Amêndoas 104
Mosaico de Gelatina de Natal 106
Chutney de Manga para Acompanhar Assados 108
Salada Tropical de Folhas, Frutas e Castanha 110
Drink Festivo (Frutas com Sidra) 112
Pernil Assado 114
Salpicão 116
Bacalhoada 118
Barquinhas de Batata com Peito de Peru 120

Introdução

Feriado, para alguns, é sinônimo de descanso. Para outros é uma oportunidade de viajar, de reencontrar amigos e familiares. Temos ainda o grupo em que eu me incluo, que aproveita essas datas com mais tempo livre para se dedicar ao preparo de delícias.

Para mim, é uma oportunidade de unir os maiores prazeres da vida: reunir pessoas queridas, cozinhar e partilhar a boa mesa!

Não dá para pensar nos feriados sem pensar nas comidas típicas de cada época, não é mesmo?

Espero de alguma forma, com este livro, estar presente nos melhores momentos à sua mesa, com as receitas práticas e criativas para as datas festivas que me dediquei a preparar aqui. Vamos celebrar!

Carnaval

Quando eu penso em Carnaval, imagino uma galera reunida para um "esquenta", que é o nome popular daquela reunião que rola antes de ir para a folia. Muitas vezes o Carnaval se resume ao próprio "esquenta". Tem coisa mais gostosa do que juntar os amigos, seja numa casa de praia ou de campo, para curtir uns dias de descanso (ou de bagunça)? E foi pensando nesse clima que selecionei essas receitas. Alguns pratos únicos, simples de serem executados, algumas receitinhas boas para aperitivar ou lanchar e, claro, uns docinhos, porque a glicose é sempre bem-vinda nesta época! Bora curtir essa folia na cozinha?

Pavê Especial de Sorvete

PAVÊ ESPECIAL DE SORVETE

Ingredientes

1 pote de sorvete de creme da sua marca preferida

Doce de leite (aproximadamente 2/3 de xícara de chá)

Paçoca de rolha (umas 5 unidades)

Modo de preparo

No recipiente em que deseja servir, espalhe meio pote de sorvete, por cima dele o doce de leite. Cubra com a outra camada de sorvete e adicione a paçoca esfarelada na superfície. Mantenha no congelador até a hora de servir.

Rendimento: 8 porções

Lasanha à Bolonhesa

LASANHA À BOLONHESA

Ingredientes

1 cebola pequena | Pimenta-do-reino a gosto | 350 g de presunto | 350 g de queijo muçarela

3 dentes de alho triturados ou picados
500 g de carne moída
1 colher (chá) de orégano seco
1 colher (sobremesa) de sal
1 sachê de molho pronto (340 g)
2/3 xícara (chá) de água
3 colheres (sopa) de cheiro-verde
Massa seca para lasanha
Queijo parmesão a gosto

Modo de preparo

Refogue a cebola e o alho em fio de azeite, junte a carne moída e quando o sangue "secar" acrescente o orégano, sal e pimenta-do-reino. Adicione o molho de tomate, a água e o cheiro-verde. Misture só para aquecer e já pode tirar do fogo. O molho não pode ser muito espesso porque ele irá cozinhar a massa no forno.

Montagem e finalização

Em um refratário ou assadeira de aproximadamente 18cm x 28cm faça camadas na seguinte ordem: molho, massa, molho, presunto, muçarela.
Faça quantas camadas couberem no seu recipiente e finalize com parmesão.
Cubra com papel-alumínio e leve ao forno preaquecido em 200ºC por 30 minutos.
Retire o papel e leve novamente ao forno até gratinar o queijo da cobertura (o que pode levar entre 15 e 30 minutos).

Rendimento: 4 porções

Farofa Fria

FAROFA FRIA

Ingredientes

1 tomate sem semente picado
1/4 de pimentão (da cor que você preferir)
1 cebola pequena picada
3 colheres (sopa) de azeitonas verdes picadas
1 cenoura pequena ralada
1/2 lata de milho verde
1 e 1/2 xícara (chá) de farinha de milho
80ml de óleo ou azeite
3 colheres (sopa) de salsinha picada
Sal e pimenta-do-reino a gosto

Modo de preparo

Basta misturar todos os ingredientes na ordem acima e servir. Esta receita não vai ao fogo e fica surpreendentemente boa para acompanhar um churrasco ou um assado.

Rendimento: 6 porções

Batida de Abacaxi

BATIDA DE ABACAXI

Ingredientes

2 xícaras (chá) de abacaxi descascado e picado

6 folhas de hortelã

1/2 lata de leite condensado
2 doses de cachaça
200 ml de água gelada
Gelo a gosto

Modo de preparo

Bata todos os ingredientes no liquidificador (menos o gelo). Se achar necessário você pode adoçar com mais leite condensado ou acrescentar açúcar. Acrescente o gelo e sirva em seguida.

Rendimento: 6 porções

Fricassê de Frango

FRICASSÊ DE FRANGO

Ingredientes do Creme de Milho
1 colher (sopa) de manteiga
1/2 cebola picada
1 lata de milho (com a água)
1 colher (chá) de caldo de galinha em pó
1 caixinha (200 g) de creme de leite
Sal se necessário

Ingredientes do Frango Cremoso
1 colher (sopa) de azeite
1/2 cebola picada
2 dentes de alho picados
2 xícaras (chá) de peito de frango cozido e desfiado
1 colher (sopa) de mostarda
1 colher (sopa) de extrato de tomate
1 xícara (chá) de leite integral
1/2 xícara (chá) de champignon
1 pote de requeijão cremoso (200 g)
2 colheres (sopa) de parmesão ralado
Sal, pimenta-do-reino e salsinha a gosto
Batata palha para cobrir

Modo de Preparo do Creme de Milho
Refogue a cebola na manteiga até murchar. Junte o milho e o caldo em pó. Deixe ferver. Tire do fogo, junte o creme de leite e bata no mixer ou liquidificador. Reserve.

Modo de preparo do Frango
Refogue a cebola no azeite e quando murchar junte o alho. Antes que o alho doure acrescente o frango desfiado, a mostarda, o extrato de tomate, o leite, o champignon, o requeijão cremoso e o queijo parmesão. Espere ferver. Acrescente sal e pimenta-do-reino de acordo com seu gosto e por fim junte a salsinha. Mantenha em fogo baixo até ficar cremoso mas sem muito líquido.

Montagem
No recipiente em que for servir, espalhe o frango cremoso. Cubra com o creme de milho e por cima batata palha. Sirva com arroz branco.

Rendimento: 6 porções

Caldinho de Feijão Aperitivo

CALDINHO DE FEIJÃO APERITIVO

Ingredientes

2 xícaras (chá) de feijão
cozido com o caldo

1/2 xícara (chá) de bacon picado
2 colheres (sopa) de azeite
1/2 cebola picada
3 dentes de alho picados
1 colher (chá) de molho de pimenta
Sal a gosto
Cebolinha verde em rodelas para decorar

Modo de preparo

Frite o bacon na própria gordura. Escorra em folhas de papel absorvente e reserve. Refogue a cebola no azeite e quando murchar junte o alho. Acrescente o feijão, o molho de pimenta e acerte o sal. Bata o feijão temperado com o mixer ou no liquidificador e coe. Coloque em copinhos pequenos e por cima acrescente o bacon e a cebolinha.

Rendimento: 6 porções

Torta Salgada de Pão Francês

TORTA SALGADA DE PÃO FRANCÊS

Ingredientes

2 pães amanhecidos picados grosseiramente
1 abobrinha com casca ralada (despreze a parte central do miolo por ser muito mole)
2/3 xícara (chá) de peito de peru picado
1 xícara (chá) de cubos de queijo muçarela picado
1/2 cebola pequena picada
1 tomate pequeno sem semente picado em cubos
3 ovos
150 ml de leite
1 colher (sopa) generosa de creme de leite
Sal, pimenta-do-reino e orégano a gosto

Modo de preparo

Acomode os pães em um refratário untado com azeite.
Espalhe o peito de peru, o queijo, a cebola, o tomate e a abobrinha ralada.
Por cima de tudo polvilhe sal, pimenta-do-reino, orégano ou os temperinhos que quiser.
Misture bem os ovos com o leite, o creme de leite e uma pitada de sal. Despeje por cima de todos os ingredientes e leve para assar em forno preaquecido em 200ºC por aproximadamente 30 minutos ou até dourar na superfície.

Rendimento: 6 porções

Bolo de Chocolate Fofinho

BOLO DE CHOCOLATE FOFINHO

Ingredientes da Massa
2 ovos
1 xícara (chá) de leite
1 xícara (chá) de óleo
3 colheres (sopa) de chocolate em pó
1 e 1/2 xícara (chá) de farinha de trigo
1/2 xícara (chá) de amido de milho
1 e 1/2 xícara (chá) de açúcar
1 colher (sopa) de fermento em pó

Ingredientes da Cobertura
1/2 lata de leite condensado
120 ml de leite
2 colheres (sopa) de chocolate em pó
1 colher (sopa) de manteiga ou margarina

Modo de preparo da Massa
Adicione os líquidos, misture com um fouet (batedor de arame) e reserve. Em outro recipiente junte os ingredientes secos (menos o fermento) e sobre eles acrescente os líquidos reservados. Por fim acrescente o fermento e mexa só para misturar. Coloque em forma untada e enfarinhada (ou polvilhada com chocolate) e leve ao forno preaquecido em 180ºC por aproximadamente 45 min.
Deixe amornar e desenforme.

Modo de preparo da Cobertura
Leve todos os ingredientes ao fogo médio/baixo. Quando ferver retire.
Despeje sobre o bolo.

Rendimento: 8 porções

Pizza de Assadeira

PIZZA DE ASSADEIRA

Ingredientes da Massa

1 e 1/2 xícara (chá) de farinha de trigo
1 colher (sopa) de fermento químico em pó
1 colher (chá) rasa de sal
1/2 colher (chá) de açúcar
1 ovo
50 ml de óleo
Água morna até dar ponto e desgrudar das mãos

Ingredientes da Cobertura

*Apenas uma sugestão, você pode cobrir sua pizza como desejar.
5 colheres (sopa) de molho de tomate
8 fatias de muçarela
1 lata de atum sem o óleo ou a água
1 tomate cortado em rodelas
1/2 cebola fatiada
1/2 xícara (chá) de ervilhas frescas
Sal e orégano a gosto

Modo de preparo

Misture os ingredientes da massa deixando a água morna por último, para ser adicionada aos pouquinhos. Não precisa sovar, apenas misturar tudo com as mãos à medida em que adiciona a água. Assim que desgrudar das mãos, unte um refratário ou assadeira com óleo ou azeite e espalhe a massa de modo que fique uma camada com cerca de 1 a 2 cm de altura.
Espalhe o molho de tomate, o queijo, o atum, as rodelas de tomate, a cebola e as ervilhas. Salpique um pouquinho de sal e orégano.
Leve para assar em forno preaquecido em 200ºC por cerca de 30 minutos. Lembrando que o tempo de forno pode variar muito conforme a marca de cada um, então abra o forno e veja se a massa já está crocante por baixo.

Rendimento: 6 porções

Tomatinho Aperitivo

TOMATINHO APERITIVO

Ingredientes

4 dentes de alho laminados
500 g de tomate (do tipo cereja ou uva)
1 colher (sopa) de açúcar
1/2 colher (sopa) de sal
1/2 colher (sopa) de orégano seco
Pimenta-do-reino a gosto
Azeite de oliva o suficiente para cobrir os tomates
Alguns ramos de tomilho fresco (ou a erva de sua preferência, ou ainda nenhuma)

Modo de preparo

Em um refratário ou assadeira coloque os tomatinhos, e depois os ingredientes na ordem em que foram escritos (de cima para baixo). Leve ao forno em 160ºC por 1 hora. Se seu forno começar em 180ºC tudo bem, não tem problema, mas fique de olho, se a pele dos tomates começar a rasgar pode tirá-los do forno. Deixe esfriar e sirva com pão, torradas, saladas, sobre massas, com queijos. Mantenha na geladeira.

Rendimento: 10 porções

Ovos Rancheiros
(Cozidos no Molho)

OVOS RANCHEIROS (COZIDOS NO MOLHO)

Ingredientes

1 xícara (chá) de linguiça calabresa picada

1 embalagem de molho pronto da sua preferência

1/2 xícara (chá) de queijo muçarela picado em cubos

3 a 5 ovos (depende do diâmetro da sua frigideira)

1 colher (sopa) de azeite de oliva
1/2 cebola picada
2 dentes de alho picados
Salsinha, sal, pimenta e orégano a gosto

Modo de preparo

Em uma frigideira, refogue a calabresa no azeite. Acrescente a cebola e quando ela ficar transparente junte o alho. Some o molho de tomate e espalhe os cubos de queijo por cima. Abaixe o fogo para mínimo. Acrescente o orégano e tampe a frigideira por 1 minuto para o queijo derreter.

Quebre os ovos por cima, deixando um espaço entre eles. Polvilhe sal e pimenta-do-reino e tampe novamente a frigideira. Quando os ovos estiverem cozidos, acrescente a salsinha. Sirva com arroz, pão, torradas, etc.

Rendimento: 3 a 5 porções dependendo da quantidade de ovos utilizada

Sopinha Cura Ressaca

SOPINHA CURA RESSACA

Ingredientes

1 cenoura grande picada

2 batatas médias picadas

2 colheres (sopa) de azeite
1/2 cebola picada
3 dentes de alho picados
1 xícara (chá) de peito de frango cozido e desfiado
1 e 1/2 xícara (chá) de arroz cozido (branco ou integral)
1/2 colher (chá) de curry
Sal e pimenta-do-reino a gosto
Água o suficiente

Modo de preparo

Refogue a cebola no azeite e quando murchar junte o alho. Antes que o alho doure acrescente o frango desfiado, a cenoura, a batata, o arroz e o curry. Tempere com sal e pimenta-do-reino. Cubra com água até passar 2 cm acima do nível dos ingredientes. Deixe ferver até cozinhar os vegetais.

Rendimento: 4 porções

Uma coisa que a gente não pode negar é que o almoço de Páscoa, independente do cunho religioso, é mais uma oportunidade de unir a família e as pessoas queridas, porque a comida tem esse poder né, gente? O poder maravilhoso de agregar!

Embora a Páscoa tenha uma simbologia linda, que merece todo o nosso respeito, como a "minha praia" é comida eu vou pedir licença para aqui exaltar o chocolate, os pratos com peixes e frutos do mar e, claro, em especial o bacalhau, que virou o símbolo dessa comemoração. Vem comigo?

Lasanha de Bacalhau com Batatas

LASANHA DE BACALHAU COM BATATAS

Ingredientes

1 caixinha ou 250 ml de creme de leite

4 batatas médias sem casca fatiadas o mais fino possível
3 colheres (sopa) de azeite
1/2 cebola picada
2 dentes de alho picados ou triturados
5 colheres (sopa) de molho de tomate industrializado
3 colheres (sopa) de salsinha picada
1/3 de xícara de água
500 g de bacalhau dessalgado
Parmesão para polvilhar

Modo de preparo

Leve ao fogo o bacalhau (mesmo que esteja congelado) coberto com água e deixe ferver por 3 minutos. Escorra e passe pelo processador ou desfie manualmente. Refogue a cebola no azeite. Em seguida, acrescente o alho e mexa por alguns minutos. Some o bacalhau e a salsinha. Acrescente o molho de tomate e o creme de leite. Acerte o sal.

Unte 4 refratários individuais com azeite e faça uma camada no fundo de cada um com as lâminas de batata cruas, em seguida espalhe uma camada fina do creme de bacalhau. Intercale camadas de batata e creme até completar os refratários (finalizando com creme). Polvilhe parmesão ralado e leve ao forno coberto com papel-alumínio por 40 minutos em 200ºC. Retire o papel-alumínio e volte ao forno para gratinar o queijo da superfície.

Rendimento: 4 porções

Saint Peter (Tilápia) Gratinado

SAINT PETER (TILÁPIA) GRATINADO

Ingredientes

1 xícara (chá) de palmito   1 xícara (chá) de ervilhas

8 filés de Saint Peter (ou o peixe da sua escolha)
1 limão
1 colher (sopa) de manteiga
2 dentes de alho
1/3 de xícara (chá) de leite
1 pote (200 g) de requeijão
1 xícara (chá) de queijo muçarela ralado
Azeite para grelhar e untar a forma
Sal e pimenta-do-reino a gosto
Queijo parmesão para a cobertura

Modo de preparo

Tempere os filés de peixe com pelo menos 2 horas de antecedência com suco do limão, sal e pimenta-do-reino a gosto.

Grelhe os filés no azeite e coloque-os em um refratário também untado com azeite. Na mesma frigideira que fritou os peixes, refogue o alho na manteiga e junte o palmito e a ervilha. Se achar necessário, tempere com uma pitadinha de sal e pimenta-do-reino. Coloque o refogado sobre os peixes.

Misture o leite e o requeijão e aqueça por 30 segundos no micro-ondas. Acrescente a muçarela ralada e misture formando um creme.

Espalhe por cima do peixe e do refogado. Cubra com parmesão ralado e leve ao forno em 200ºC para gratinar na superfície.

Rendimento: 8 porções

Strogonoff de Camarão

STROGONOFF DE CAMARÃO

Ingredientes

500 g de camarões médios limpos (sem casca e sem cabeça)

1 colher (sopa) de mostarda

2 colheres (sopa) de molho inglês

1 colher (sopa) de azeite
1 colher (sopa) de manteiga
1/2 cebola picada
100 g de champignon em lâminas
1/2 xícara (chá) de polpa ou purê de tomate
1 lata de creme de leite sem soro
Sal, pimenta-do-reino e salsinha a gosto

Modo de preparo

Refogue a cebola na manteiga e no azeite até murchar bem. Acrescente os camarões e refogue por 1 minuto. Junte o champignon e todos os demais ingredientes na sequência da lista. Assim que ferver desligue o fogo. Lembre-se, camarões cozinham MUITO rápido e se passar do ponto ficam enrijecidos como borracha.

Rendimento: 4 porções

Brigadeirão

BRIGADEIRÃO

Ingredientes

1 lata de leite condensado

1 colher (sopa) de manteiga

1 xícara (chá) de chocolate em pó

1 lata de creme de leite com soro
4 colheres (sopa) de açúcar
3 ovos
*manteiga e açúcar refinado para untar e polvilhar na forma
e chocolate ou granulado para decorar.

Modo de preparo

Unte uma forma com manteiga (ou margarina) e polvilhe com açúcar. Bata todos os ingredientes no liquidificador e coloque na forma. Cubra com papel-alumínio e leve ao forno em 180ºC em banho-maria por aproximadamente 1 hora e meia. Deixe amornar em temperatura ambiente. Desenforme e leve para a geladeira por 2 horas. Decore como quiser.

Rendimento: 10 porções

Bacalhau à Zé do Pipo

BACALHAU À ZÉ DO PIPO

Ingredientes

1 kg de lombo de bacalhau dessalgado congelado
1 litro de leite integral
2 xícaras (chá) de purê de batatas
1 cebola em rodelas
2 colheres (sopa) de manteiga
1 colher (sopa) de azeite
1 xícara (chá) de maionese (caseira ou industrializada)

Modo de preparo

Descongele o bacalhau e leve ao fogo para ferver mergulhado no leite (você pode acrescentar um pouco de água se a quantidade de leite não cobrir o bacalhau). Assim que ferver, desligue o fogo.
Refogue a cebola na manteiga e no azeite até murchar, reserve. Escorra o bacalhau, retire a pele, divida em pedaços grandes e coloque em um refratário. Coloque a cebola refogada sobre ele. Faça montinhos de purê de batatas nos espaços que sobraram entre os pedaços de bacalhau. Cubra com a maionese e leve ao forno para gratinar.

Rendimento: 6 porções

Lombo de Bacalhau
Cozido no Azeite

LOMBO DE BACALHAU COZIDO NO AZEITE

Ingredientes

1 kg de lombo de bacalhau dessalgado dividido em pedaços
1 litro de azeite
2 folhas de louro
1 colher (chá) de grãos de pimenta-do-reino
6 dentes de alho inteiros
1 colher (sopa) de alho frito picado para polvilhar no fim

Modo de preparo

Descongele o bacalhau, retire a pele e corte em pedaços grandes. Se o seu forno tiver regulagem que atinja 100ºC, coloque o bacalhau e os demais ingredientes (menos o alho frito) em um refratário fundo e leve ao forno nesta temperatura por cerca de 1 hora ou até o bacalhau estar cozido.

Caso seu forno não tenha uma temperatura tão baixa, coloque os ingredientes em uma panela de fundo grosso e mantenha em fogo mínimo. Caso comecem a aparecer bolhinhas de fervura, desligue o fogo por 10 minutos e depois reinicie o processo. Faça essa operação quantas vezes forem necessárias até cozinhar o bacalhau.

Se você estiver usando o bacalhau que já vem dessalgado, ele já terá sal suficiente. Caso você tenha dessalgado antes de começar a receita, pode ser necessário acrescentar sal. Sirva com os acompanhamentos de sua preferência como azeitonas pretas, batatas e tomatinhos assados. Use o azeite do processo para regar o prato e polvilhe o alho frito antes de servir.

Rendimento: 4 porções

Salmão Assado com Vegetais

SALMÃO ASSADO COM VEGETAIS

Ingredientes

6 postas de salmão
3 batatas grandes cortadas em rodelas com 1 cm de altura
1 pimentão (pequeno) vermelho fatiado
1 pimentão (pequeno) amarelo fatiado
1/2 pimentão (pequeno) verde fatiado
1 cebola grande cortada em rodelas
2 tomates cortados em rodelas
1/3 de xícara (chá) de azeitonas pretas
1/3 de xícara (chá) de azeite
1/3 de xícara (chá) de cheiro-verde
Sal e pimenta-do-reino a gosto

Modo de preparo

Preaqueça o forno em 200ºC.
Cozinhe as batatas em água fervente por 8 minutos.
Unte um refratário com bastante azeite. Coloque as cebolas e as batatas no fundo. Por cima, espalhe os pimentões, os tomates e as azeitonas. Salpique um pouco de cheiro-verde, regue os vegetais com um fio de azeite e adicione sal e pimenta. Sobre os vegetais coloque as postas de salmão já temperadas de acordo com seu gosto (sugestão: limão, sal, cheiro-verde, pimenta-do-reino e azeite). Cubra com papel-alumínio e leve ao forno por 30 minutos. Após esse tempo, retire o papel e mantenha no forno até os vegetais estarem macios e o salmão corado. Esse tempo pode variar entre 30 minutos e 1 hora, dependendo da marca do seu forno e da altura das postas do peixe, por isso fique de olho.
Ao tirar do forno, antes de servir, regue com um pouco mais de azeite.

Rendimento: 6 porções

Torta Colomba
Com Mousse de Limão

TORTA COLOMBA COM MOUSSE DE LIMÃO

Ingredientes

1 colomba pascal

1/2 xícara (chá) de suco de limão

20 unidades de biscoito champanhe cortados da altura da colomba

1 lata de leite condensado
Raspas da casca de 1 limão
1/2 xícara (chá) de raspas de chocolate branco

Modo de preparo

Prepare a mousse misturando com um batedor de arame o leite condensado, o suco e as raspas de limão.

Corte uma "tampa" na colomba pascal e retire uma parte do interior, fazendo uma cavidade.

Separe meia xícara (chá) da mousse para usar na cobertura. Misture o "miolo" que foi retirado à mousse de limão que sobrou. Preencha a cavidade e "tampe" a colomba novamente. Leve à geladeira por 1 hora.

Coloque biscoito champanhe ao redor da colomba para fazer o acabamento e passe uma fita arrematando com um laço.

Espalhe a mousse reservada por cima e cubra com raspas de chocolate branco. Mantenha na geladeira até a hora de servir.

Rendimento: 10 porções

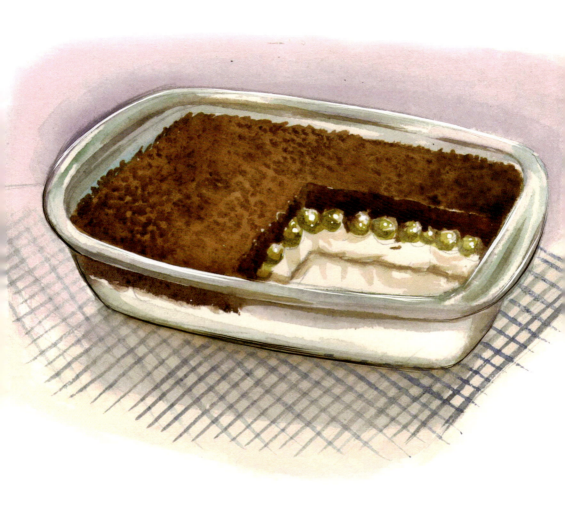

Bombom de Travessa

BOMBOM DE TRAVESSA

Ingredientes

2 latas de leite condensado
2 colheres (sopa) de manteiga ou margarina sem sal
2 latas de creme de leite sem soro
300 g de chocolate meio amargo
200 g de uva Itália ou Rubi sem sementes
Raspinhas de chocolate para decorar (opcional)

Modo de preparo do Creme Branco

Leve ao fogo baixo o leite condensado (2 latas) e a manteiga, assim que chegar em ponto de brigadeiro adicione uma lata de creme de leite sem soro (ou 1 caixinha). Coloque em um refratário e deixe esfriar. Depois do creme frio, adicione uma camada de uvas cortadas ao meio e sem sementes.

Modo de preparo da Ganache

Misture o chocolate amargo e uma lata de creme de leite sem soro (pode ser caixinha também). Leve ao micro-ondas por 30 segundos. Mexa e volte ao micro-ondas de 30 em 30 segundos até derreter, sempre mexendo nos intervalos. Deixe a ganache esfriar até chegar em temperatura ambiente e espalhe sobre as uvas. Decore com as raspas de chocolate. Mantenha na geladeira até a hora de servir.

Rendimento: 8 porções

Arroz com Bacalhau e Grão-de-bico

ARROZ COM BACALHAU E GRÃO-DE-BICO

Ingredientes

1 xícara (chá) de lascas de bacalhau já dessalgado
1 cebola picada
1 colher (sopa) de alho triturado (ou 3 dentes picados)
2 tomates sem sementes picados
2 colheres (sopa) de pimentão verde picado
2 colheres (sopa) de pimentão vermelho picado
2 colheres (sopa) de pimentão amarelo picado
1/2 xícara (chá) de azeitonas pretas sem caroço picadas
1/2 xícara (chá) de ervilhas frescas (pode ser a congelada)
1/2 xícara (chá) de água
1 xícara (chá) de grão-de-bico cozido
4 xícaras (chá) de arroz pronto
Cheiro-verde para decorar

Modo de preparo

Refogue a cebola, o alho e os pimentões no azeite. Junte o bacalhau, o grão-de-bico, as ervilhas, as azeitonas e o tomate. Some a água e tampe a panela para cozinhar os vegetais em fogo baixo. Acerte o sal se necessário.
Reserve ½ xícara (chá) do refogado. Junte o arroz pronto ao restante do refogado e misture.
Coloque em uma travessa, por cima espalhe o refogado reservado e o cheiro-verde.

Rendimento: 10 porções

Pavê de Bombom

PAVÊ DE BOMBOM

Ingredientes

8 bombons tipo Sonho de Valsa
ou similar picados

1 lata de leite condensado
1 colher (sopa) de amido de milho dissolvida em 60 ml de leite
2 gemas peneiradas
1 caixinha de 200 g de creme de leite
1 pacote de biscoito de maizena sabor chocolate (aproximadamente 120 g)
1 xícara (chá) de leite (para umedecer os biscoitos na montagem)

Modo de preparo

Leve ao fogo baixo o leite condensado, o amido de milho dissolvido no leite e as gemas e misture até começar a ferver. Junte o creme de leite e mexa até voltar a ferver e engrossar. Retire do fogo, passe o creme para um recipiente e bata manualmente (com um fouet) para deixá-lo com consistência lisa. Deixe esfriar em temperatura ambiente.
Se ao esfriar o creme engrossar demais, acrescente um pouco de leite (fora do fogo) e bata com o batedor de arame (fouet) até chegar na consistência de creme firme.
Utilize um refratário de aproximadamente 12cm X 24cm.
Faça camadas intercalando o biscoito de chocolate molhado no leite e o creme.
Finalize com uma camada de creme e por cima os bombons picados.
Leve para gelar por pelo menos 4 horas (o ideal é deixar de um dia para o outro).
Acrescente os bombons antes de servir para manterem a crocância.

Rendimento: 6 porções

Brownie

BROWNIE

Ingredientes

150 g de farinha de trigo
200 g de açúcar refinado
150 g de manteiga sem sal
100 g de chocolate ao leite picado
100 g de chocolate meio amargo picado
2 colheres de chocolate em pó
1 colher (chá) de essência de baunilha
1 colher (chá) de bicarbonato de sódio
3 ovos

Modo de preparo

Preaqueça o forno em 180ºC.
Derreta em banho-maria ou no micro-ondas a manteiga e os chocolates juntos.
Acrescente a baunilha e misture até ficar um creme liso e reserve.
Em outro recipiente, bata bem os ovos e o açúcar com um batedor de arame (fouet).
Misture o chocolate derretido reservado com os ovos batidos.
Na sequência, some a farinha, o chocolate em pó e o bicarbonato.
Unte com manteiga uma assadeira de aproximadamente 26cm X 17cm, coloque papel-manteiga e por cima dele unte novamente com mais manteiga.
Leve para assar por aproximadamente 25 minutos (esse tempo pode variar conforme o seu forno).

Rendimento: 12 porções

Festas Juninas

Para mim as Festas Juninas foram das contribuições mais valiosas que os portugueses trouxeram na colonização, e claro, com o passar do tempo, nós transformamos essas festas de origem católica em uma comemoração cheia de brasilidade.

As receitas juninas mudam um pouco conforme a região do país, mas de modo geral é fácil identificar um sabor que combine com essa época.

Então bora preparar a fogueira que vai começar nosso arraiá de delícias!

Paçoquinha de Colher

PAÇOQUINHA DE COLHER

Ingredientes

10 paçocas (de rolha) amassadas com garfo
5 colheres (sopa) de leite em pó
Creme de leite até ficar na consistência que você deseja (aproximadamente 150 g).

Modo de preparo

Misture as paçocas amassadas com o leite em pó. Adicione o creme de leite aos poucos até ficar com uma consistência cremosa. Coloque em copinhos e sirva.

Rendimento: 10 porções (copinhos pequenos)

Pamonha Salgada de Assadeira

PAMONHA SALGADA DE ASSADEIRA

Ingredientes

300 ml de leite
1/3 xícara (chá) de óleo
3 ovos
2 latas de milho verde sem a água
1 tablete de caldo de legumes
1/2 xícara (chá) de farinha de milho
3 colheres (sopa) de queijo parmesão ralado
2 colheres (sopa) de salsinha
1 colher (chá) de orégano
1 colher (chá) de sal
1 colher (sopa) de fermento em pó
1 xícara (chá) de calabresa cortada em cubos pequenos
1 xícara (chá) de queijo branco em cubos
* parmesão ralado (para polvilhar por cima)

Modo de preparo

Bata no liquidificador o leite, o óleo, os ovos, o milho, o caldo de legumes, a farinha de milho e o parmesão. Despeje em um recipiente e junte os demais ingredientes. Coloque em forma untada e enfarinhada, cubra com o parmesão ralado e leve para assar em forno já preaquecido em 200ºC até dourar a superfície.

Rendimento: 10 porções

Queijadinha

QUEIJADINHA

Ingredientes

2 ovos levemente batidos
1 lata de leite condensado
1 xícara (chá) de coco ralado
4 colheres (sopa) de queijo parmesão ralado

Modo de preparo

Basta misturar todos os ingredientes, colocar em forminhas individuais e levar para assar em forno preaquecido em 180ºC por aproximadamente 25 minutos.

Rendimento: 22 unidades (em forminhas de minicupcakes)

Cuscuz de Calabresa

CUSCUZ DE CALABRESA

Ingredientes

2 colheres (sopa) de azeite de oliva
1/2 cebola ralada (ou picada)
2 dentes de alho picados
1 e 1/2 gomo de calabresa picada em cubinhos pequenos
1 e 1/2 xícara (chá) de farinha de milho
1/2 xícara (chá) de ervilha fresca
1/2 xícara (chá) de milho verde de lata
2 colheres (sopa) de extrato de tomate
1/3 de um pimentão vermelho picado
6 azeitonas verdes picadas
2 xícaras (chá) de caldo de legumes (1/2 tablete dissolvido em 2 xícaras de água ou esta quantidade de caldo caseiro)
Sal e pimenta-do-reino a gosto
Folhas de salsinha para decorar

Modo de preparo

Separe 2 colheres (sopa) de milho verde e reserve junto com as folhas de salsinha para a decoração.
Refogue a cebola e o alho no azeite de oliva. Em seguida, adicione a calabresa e o pimentão. Misture até dourar a linguiça. Junte o milho, a ervilha, as azeitonas e o extrato. Adicione o caldo e quando ferver acrescente a farinha de milho aos poucos para não empelotar, mexendo sempre até virar uma massa e desgrudar do fundo da panela.
Adicione pimenta-do-reino a gosto e se necessário corrija o sal.
Unte com azeite uma forma com furo no centro e coloque no fundo os ingredientes separados para decorar. Despeje sobre eles a massa do cuscuz, que deve ser bem pressionada com uma colher para ficar homogênea. Deixe esfriar em temperatura ambiente por 1 hora e então desenforme. Se preferir ele pode ser mantido na geladeira por até 24h antes de desenformar. Pode ser servido em temperatura ambiente ou gelado.

Rendimento: 10 porções

Canjica ou Mungunzá

CANJICA OU MUNGUNZÁ

Ingredientes

1 e 1/2 xícara (chá) de milho branco para canjica
1 lata de leite condensado
1 medida (lata) de leite
Canela em pó para polvilhar

Modo de preparo

Deixe a canjica de molho em água fria por, no mínimo, 2 horas (o ideal são 6 horas). Escorra a água e leve a canjica ao fogo em panela de pressão com dois litros e meio de água fria. Após pegar pressão, baixe o fogo e deixe cozinhar por 1 hora. Espere a pressão sair, abra a panela, acrescente o leite condensado, o leite e deixe ferver, mexendo de vez em quando até ficar cremosa. Polvilhe canela na hora de servir.
* Esta receita pode levar outros ingredientes adicionais como doce de leite, amendoim, leite de coco e coco ralado.

Rendimento: 8 porções

Brigadeiro Pé de Moleque

BRIGADEIRO PÉ DE MOLEQUE

Ingredientes

500 g de amendoim com pele

1 xícara (chá) de açúcar refinado
1 lata de leite condensado
Manteiga ou margarina para untar o refratário e as mãos
Açúcar refinado ou cristal para empanar

Modo de preparo

Comece torrando o amendoim. Basta colocar na panela e mexer sem parar por 5 minutos em fogo médio. Retire o amendoim da panela e reserve.

Coloque o açúcar na panela e deixe derreter até virar um caramelo. Abaixe o fogo para mínimo, junte o amendoim que foi torrado e misture sem parar. No início o caramelo irá endurecer e ficará difícil de mexer, mas depois, com o calor do fogo, vai ficando líquido novamente. Nesse momento junte o leite condensado. Novamente ele vai empelotar um pouco no início, mas é só mexer sem parar até ficar como brigadeiro, desgrudando do fundo da panela.

Retire do fogo, despeje em um refratário untado com manteiga ou margarina e deixe esfriar em temperatura ambiente por 4 horas (não vai na geladeira).

Depois desse tempo, passe um pouco de manteiga ou margarina nas mãos e enrole como um docinho. Passe no açúcar (refinado ou cristal) e coloque em forminhas.

Rendimento: aproximadamente 50 unidades

BOLO DE FUBÁ

Ingredientes

1 xícara (chá) de farinha de trigo

2/3 de xícara (chá) de óleo
1 e 1/2 xícara (chá) de leite
3 ovos
1 e 1/2 xícara (chá) de fubá
1/2 xícara (chá) de amido de milho
1 e 1/2 xícara (chá) de açúcar
1 colher (sopa) de fermento em pó

Modo de preparo

Comece batendo no liquidificador os ovos, o leite e o óleo. Na sequência adicione todos os ingredientes secos, deixando apenas o fermento para ser acrescentado no final.

Coloque em forma untada com óleo ou manteiga e enfarinhada e leve ao forno preaquecido em 180ºC por aproximadamente 45 minutos. Como cada forno tem suas peculiaridades, para saber quando está pronto faça o teste enfiando uma faquinha de ponta ou palito de dente, se sair limpo, pode tirar do forno.

Rendimento: 12 porções

Quentão Paulista

QUENTÃO PAULISTA

Ingredientes

1 e 1/2 xícara (chá) de açúcar refinado
1 e 1/2 xícara (chá) de água
3 colheres (sopa) de gengibre fatiado
3 limões com casca cortados em rodelas
4 xícaras (chá) de cachaça
5 cravos-da-índia
2 paus de canela

Modo de preparo

Coloque o açúcar em uma panela e leve ao fogo baixo até derreter e virar um caramelo.
Adicione os outros ingredientes (menos a cachaça) e mexa até dissolver o açúcar. Por fim, acrescente a cachaça e mantenha em fogo baixo. Após levantar fervura, mantenha no fogo por 3 minutos. Retire e coe. Sirva quente.

Rendimento: aproximadamente 1,3 litro.

Vinho Quente Paulista

VINHO QUENTE PAULISTA

Ingredientes

1 maçã sem casca picada

1 xícara (chá) de açúcar
2 xícaras (chá) de água
2 paus de canela
10 cravos-da-índia
1 colher (sopa) de gengibre picado
1 garrafa de vinho tinto seco

Modo de preparo

Em uma panela misture o açúcar, a água, a canela, os cravos e o gengibre. Deixe ferver em fogo baixo por 5 minutos. Coe e volte o líquido para a panela. Junte a maçã picada e deixe ferver por mais 2 minutos. Acrescente o vinho. Se quiser uma bebida mais fraca, deixe ferver por 5 minutos para evaporar o álcool. Se quiser mais forte, ferva por apenas 2 minutos. Sirva quente.

Rendimento: 8 porções

Milho Cozido com Manteiga de Ervas

MILHO COZIDO COM MANTEIGA DE ERVAS

Ingredientes

6 espigas de milho
1 colher (sopa) de açúcar
Água o suficiente
4 colheres (sopa) de manteiga com sal amolecida
1 dente de alho amassado
2 colheres (sopa) de cheiro-verde picado bem miúdo
Sal o quanto baste

Modo de preparo

Higienize as espigas de milho e coloque na panela de pressão. Junte o açúcar, ele serve para realçar o sabor do milho, cubra com água e tampe a panela. Após pegar pressão deixe 15 minutos. Espere a pressão sair normalmente e verifique se as espigas estão macias. Caso seja necessário coloque o milho mais 5 minutos na pressão.
Misture a manteiga, o alho e o cheiro-verde.
Na hora de servir, salpique sal nas espigas e pincele a manteiga de ervas.

Rendimento: 6 porções

Bolo de Paçoca

BOLO DE PAÇOCA

Ingredientes da Massa

1 pote de iogurte natural (170 g)
1/2 pote de óleo (use o pote do iogurte pra medir)
3 ovos
1 pote e 1/2 de açúcar (use o pote do iogurte pra medir)
2 potes de farinha (use o pote do iogurte pra medir)
2 paçocas de rolha esfareladas
1 colher (sopa) de fermento químico

Ingredientes da Cobertura

1 colher (sopa) de manteiga ou margarina

1 lata de leite condensado
5 paçocas de rolha esfareladas

Modo de preparo

Misture usando um batedor de arame os ovos, o iogurte e o óleo. Acrescente os demais ingredientes da massa e misture bem. Coloque na forma untada e enfarinhada e leve para assar em 180ºC até fazer aquele truque de enfiar um palitinho e ele sair limpo. O tempo de forno aproximado é de 45 minutos. Deixe o bolo amornar e desenforme.
Leve ao fogo baixo todos os ingredientes da cobertura até ferver e apurar. Espalhe sobre o bolo e se desejar coloque mais duas paçocas esfareladas por cima.

Rendimento: 12 porções

Bolinhos de Milho e Bacon

BOLINHOS DE MILHO E BACON

Ingredientes da Massa

2 ovos
1/3 xícara (chá) de azeite
200 ml de leite
1 xícara (chá) de farinha de trigo
1 colher (chá) de sal
2 colheres (sopa) de parmesão
1/2 colher (sopa) de fermento em pó

Ingredientes da Cobertura

150 g de bacon picado
1/2 cebola picada
3 colheres (sopa) de milho cozido de lata
2 colheres (sopa) de cheiro-verde picado
1/3 xícara (chá) de parmesão ralado

Modo de preparo

Refogue o bacon na própria gordura. Junte a cebola e deixe murchar. Acrescente o milho e o cheiro-verde e refogue bem. Deixe esfriar enquanto prepara a massa.
Em um recipiente, adicione os ovos, o azeite, o leite e misture. Junte a farinha aos poucos, acrescente o sal e o parmesão. Use um batedor de arame para misturar tudo. Se preferir você pode bater com o mixer ou usar o liquidificador.
Você pode usar forminhas descartáveis para cupcake ou forminhas de alumínio para empada, neste caso é necessário untá-las e enfarinhá-las.
Preencha 2/3 da forminha escolhida com a massa, acrescente 1 colher (sopa) de cobertura, cubra com parmesão ralado.
Preaqueça o forno em 180ºC por 10 minutos e asse por aproximadamente 25 minutos, ou até dourar na superfície.

Rendimento: 8 bolinhos (forminha de 100 ml)

Festas de Fim de Ano

Natal e Réveillon, aquela época em que a gente faz um balanço dos últimos 12 meses, reflete, planeja o próximo ano, reencontra amigos, reúne a família, troca presentes. Tudo isso em meio ao tilintar das taças de espumante, das luzinhas piscando, do cheiro do açúcar com canela das rabanadas, do calor dos fornos exalando o perfume maravilhoso dos assados. Época em que a gente se permite alguns excessos, então que estes, pelo menos ao redor da mesa, valham a pena! Vamos fazer valer?

Arroz de Festa

panelaterapia

ARROZ DE FESTA

Ingredientes

2 colheres (sopa) de óleo
3 dentes de alho picados ou triturados
2 xícaras (chá) de arroz cru
Sal (a gosto)
3 xícaras (chá) de água fervente
1 xícara (chá) de champanhe (ou espumante) seco
1 xícara (chá) de castanha-do-pará ligeiramente picada
1/2 xícara (chá) de uvas-passas brancas
1 maço de salsinha picada

Modo de preparo

Refogue o alho no óleo e frite o arroz. Adicione o sal, a água e o espumante. Cozinhe normalmente como se estivesse fazendo um arroz branco. Quando a água secar e estiver cozido, desligue o fogo, tampe a panela e deixe descansar por 10 minutos.

Agora junte o arroz morno, as castanhas, as uvas-passas e a salsinha. Misture bem. Coloque em uma forma untada com azeite ou óleo pressionando com as costas de uma colher. Desenforme, decore e sirva.

Rendimento: 8 porções

Rosca de Mascavo e Canela

ROSCA DE MASCAVO E CANELA

Ingredientes da Massa

1 xícara (chá) de leite morno
1 ovo
4 colheres (sopa) de manteiga ou margarina
3 e 1/2 xícaras (chá) de farinha de trigo
3 colheres (sopa) de açúcar
1/2 colher (chá) de sal
2 colheres (chá) de fermento biológico seco

Ingredientes do Recheio

2 colheres (sopa) de manteiga ou margarina derretida
1/4 de xícara (chá) de açúcar mascavo misturado com 2 colheres (chá) de canela em pó

Modo de preparo

Misture os ingredientes da massa e sove por 10 minutos em uma superfície polvilhada com farinha. Deixe a massa descansar por 30 minutos coberta com filme plástico ou um pano úmido.
Abra a massa em um retângulo de aproximadamente 35 cm por 25 cm. Espalhe a manteiga derretida sobre ela e, em seguida, o açúcar com canela. Enrole a massa feito rocambole, a partir do lado maior. Corte a massa em rolinhos altos. Disponha os rolinhos em uma forma, untada com manteiga, cubra e deixe crescer em um local quente até dobrar de tamanho, aproximadamente 45 minutos.
Asse em forno preaquecido por 20 a 25 minutos, até dourar.
A cobertura é opcional, mas basta adicionar água aos pouquinhos em ½ xícara (chá) de açúcar de confeiteiro, vá misturando até virar um creme grosso. Espalhe na superfície da rosca já fria.

Rendimento: 8 porções

Ave Natalina Recheada com Farofa

AVE NATALINA RECHEADA COM FAROFA

Ingredientes
1 ave natalina de 3 a 5 kg já temperada (peru, chester ou similar)
1 xícara (chá) de bacon picado
1 cebola picada
2 dentes de alho picados
1 ovo
1 cenoura ralada
1/2 xícara (chá) de milho verde de lata sem a água da conserva
1/2 xícara (chá) de azeitonas verdes sem caroço picadas
1/2 xícara (chá) de polpa ou purê de tomate
1/2 xícara (chá) de uvas-passas negras
1/2 xícara (chá) de nozes picadas
200 g de farinha de milho
2 colheres (sopa) de manteiga
3 colheres (sopa) de salsinha picada
Sal, pimenta-do-reino e salsinha a gosto

Modo de preparo
Normalmente estas aves natalinas já vêm temperadas. Caso a sua não venha, comece retirando o saquinho de miúdos que vem dentro da cavidade. Eles não serão utilizados nesta receita. Agora basta temperar a ave na véspera com 4 dentes de alho picados, suco de 2 limões, 1/3 xícara (chá) de azeite, sal e pimenta-do-reino a gosto. Mantenha na geladeira em recipiente tampado.

Para a farofa, refogue o bacon na própria gordura, quando dourar junte a cebola e em seguida o alho. Antes que o alho doure, quebre o ovo sobre os ingredientes e mexa bem para cozinhá-lo (como se estivesse fazendo ovos mexidos). Acrescente a cenoura, o milho, as azeitonas, as passas, as nozes e misture bem.

Coloque a manteiga sobre os ingredientes e mexa para derreter. Some a salsinha e tempere com sal e pimenta-do-reino. Por fim, acrescente a farinha de milho e misture. Unte uma assadeira com azeite e coloque a ave temperada com as coxas para cima. Preencha a cavidade com metade da farofa e feche prendendo a pele com palitos de dente. Junte as duas coxas e as amarre com barbante. Você pode usar palitos de dente para prender as asinhas próximas ao peito. Cubra com papel-alumínio, leve ao forno preaquecido em 180ºC por 1 hora e meia. Após este tempo, retire o papel-alumínio e leve ao forno por mais 1 hora ou até dourar bem. Sirva com o restante da farofa.

Rendimento: 10 porções

Pavê de Chocotone

PAVÊ DE CHOCOTONE

Ingredientes do Creme

4 gemas
40 g de farinha de trigo
80 g de açúcar
500 ml de leite semidesnatado
1 colher (chá) de extrato de baunilha

Demais ingredientes

1 chocotone fatiado (aproximadamente 400 g)
1/2 xícara (chá) de leite semidesnatado
1 xícara (chá) de raspas de chocolate ao leite
1 xícara (chá) de cerejas em calda
12 folhas de hortelã para decorar

Modo de preparo

Misture as gemas com o açúcar até virar um creme esbranquiçado. Use o batedor de arame (fouet) para essa tarefa. Agora junte a baunilha e a farinha. Leve o leite ao fogo e assim que ferver incorpore aos poucos à mistura de gemas. Leve novamente ao fogo baixo mexendo até engrossar. Deixe esfriar para usar no pavê.

Para montar o pavê, molhe rapidamente as fatias de chocotone no leite e coloque na travessa, forrando todo o fundo. Espalhe uma camada do creme, algumas cerejas em calda e raspas de chocolate ao leite. Faça quantas camadas couberem na travessa. Finalize com o creme e decore com raspas de chocolate ao leite, cerejas e folhas de hortelã.

Rendimento: 8 porções

Rabanadas

RABANADAS

Ingredientes

10 fatias de pão francês amanhecido com 3 cm de altura
1 colher (sopa) de manteiga
3 colheres (sopa) de óleo
1 ovo
5 colheres (sopa) de leite integral
5 colheres (sopa) de leite condensado
6 gotas de essência de baunilha
1/3 xícara (chá) de açúcar
1 colher (sopa) de canela em pó.

Modo de preparo

Misture o ovo, o leite, o leite condensado e a baunilha. Passe as fatias de pão nessa mistura, banhando de ambos os lados. Escorra o excesso e coloque as fatias sobre uma superfície plana.
Aqueça uma frigideira com a manteiga e o óleo. Frite as fatias até dourarem. Misture o açúcar com canela e polvilhe sobre as rabanadas ainda quentes.

Rendimento: 10 unidades

Bolo de Frutas e Nozes

BOLO DE FRUTAS E NOZES

Ingredientes do Bolo

1 xícara (chá) de leite morno
1/2 xícara (chá) de óleo
3 ovos
1 colher (chá) de essência de baunilha
2 xícaras (chá) de farinha de trigo
1 e 1/2 xícara (chá) de açúcar
1 xícara (chá) de frutas cristalizadas
1/2 xícara (chá) de uvas-passas
1/2 xícara (chá) de nozes picadas
1 colher (sopa) rasa de fermento em pó

Ingredientes da Cobertura

1 xícara (chá) de açúcar de confeiteiro
2 colheres (sopa) de leite
Cerejas e folhas de hortelã para decorar

Modo de preparo do Bolo

Peneire a farinha de trigo e o açúcar. Junte as frutas, as passas e as nozes. Bata no liquidificador ou mixer o leite, o óleo, os ovos e a baunilha. Despeje a mistura batida sobre os outros ingredientes e misture. Por fim acrescente o fermento e misture rapidamente. Coloque em forma untada e enfarinhada. Leve para assar em forno preaquecido em 180ºC por aproximadamente 45 minutos. Deixe esfriar e desenforme.

Modo de preparo da Cobertura

Misture o açúcar de confeiteiro com o leite até obter um creme grosso. Espalhe na superfície do bolo já frio. Decore com as cerejas e folhas de hortelã.

Rendimento: 8 porções

Maminha Assada com Manteiga de Ervas

MAMINHA ASSADA COM MANTEIGA DE ERVAS

Ingredientes

1 peça de maminha de aproximadamente 1,3 kg
100 g de manteiga sem sal
4 dentes de alho
1/2 xícara (chá) de ervas picadas: tomilho, orégano, cheiro-verde, manjericão (ou as ervas que você preferir)
Sal e pimenta-do-reino a gosto
Batatinhas e cebolinhas pequenas

Modo de preparo

Misture a manteiga amolecida (em ponto de pomada) com o alho e as ervas e reserve.
Tempere a carne com sal e pimenta-do-reino dos dois lados e espalhe a manteiga de ervas também em ambos os lados. Acomode a carne na assadeira e em volta coloque as batatas e cebolas (cruas). Espalhe o restante da manteiga de ervas sobre elas. Leve ao forno preaquecido em 200ºC por aproximadamente 1 hora e meia.
A cada 15 minutos, abra o forno e regue a carne com a manteiga derretida no fundo da forma.

Rendimento: 6 porções

Arroz com Bacalhau, Lentilha e Amêndoas

ARROZ COM BACALHAU, LENTILHA E AMÊNDOAS

Ingredientes

2/3 xícara (chá) de lentilhas

1/2 xícara (chá) de amêndoas em lâminas

600 g de bacalhau em lascas já dessalgado
1/2 cebola
2 dentes de alho picados
3 xícaras (chá) de arroz pronto
1 tablete de caldo de legumes
1/2 xícara (chá) de salsinha picada
Azeite o quanto baste

Modo de preparo

Refogue a cebola e o alho no azeite. Junte o bacalhau, misture rapidamente e reserve. Leve as amêndoas ao fogo em frigideira antiaderente até começarem a dourar, reserve. Cozinhe as lentilhas na panela de pressão com água o suficiente para cobri-las e com o tablete de caldo de legumes. Deixe por 5 minutos após pegar pressão. Escorra e misture ao arroz pronto. Acrescente as amêndoas, as lascas de bacalhau refogadas e a salsinha. Regue com azeite.

Rendimento: 8 porções

Mosaico de Gelatina de Natal

MOSAICO DE GELATINA DE NATAL

Ingredientes

1 caixinha de gelatina de morango

1 caixinha de gelatina de limão

1 garrafinha de leite de coco

2 pacotinhos de gelatina incolor (24 g) preparados conforme indicação da embalagem
1 lata de leite condensado
1 lata sem soro (ou caixinha) de creme de leite

Modo de preparo

Dissolva a gelatina de morango em 150 ml de água fervente e em seguida junte 150 ml de água gelada. Coloque em um recipiente preferencialmente quadrado ou retangular. Faça o mesmo processo com a gelatina de limão e leve ambas para gelar até endurecerem.

Bata ou misture: o leite condensado, o creme de leite, o leite de coco e os 2 pacotinhos de gelatina incolor já hidratados.

Corte em cubos as gelatinas de limão e morango e coloque em uma forma de buraco no meio untada com um pouquinho de óleo de soja. Despeje o creme sobre as gelatinas e leve para gelar por pelo menos 3 horas. Desenforme e sirva.

Rendimento: 8 porções

Chutney de Manga para Acompanhar Assados

CHUTNEY DE MANGA PARA ACOMPANHAR ASSADOS

Ingredientes

4 xícaras (chá) de manga picada em cubos

2 colheres (sopa) de mel

4 colheres (sopa) de azeite
1 cebola ralada
4 dentes de alho triturados
10 cravos-da-índia
2 colheres (chá) de páprica picante
2 colheres (chá) de canela em pó
1 colher (chá) de sal
Pimenta-do-reino a gosto
2 colheres (sopa) de vinagre branco
100 ml de água

Modo de preparo

Refogue a cebola e o alho no azeite. Junte a manga picada e os demais ingredientes. Deixe ferver e baixe o fogo para reduzir os líquidos e engrossar. Cozinhe até os cubos de manga ficarem com metade do tamanho original. Deixe esfriar e mantenha na geladeira até o momento de servir. Pode ser consumido gelado ou aquecido antes de ferver.

Rendimento: 8 porções

Salada Tropical de Folhas, Frutas e Castanha

SALADA TROPICAL DE FOLHAS, FRUTAS E CASTANHA

Ingredientes da Salada

1 pé de alface crespa
1 pé de alface roxa
1 maço de rúcula
1 manga grande picada em cubos
10 morangos inteiros
1 carambola fatiada
1 kiwi picado
1/2 xícara (chá) de castanha-de-caju picada

Ingredientes do Molho

100 ml de azeite
150 ml de suco de laranja-pera
1 colher (chá) de sal
Pimenta-do-reino a gosto

Modo de preparo

Higienize as folhas e escorra bem. Separe as folhas e corte os talos mais longos da rúcula. Espalhe as folhas no fundo de uma travessa, misturando os três tipos. Espalhe as frutas e as castanhas-de-caju. Misture todos os ingredientes do molho e sirva à parte.

Rendimento: 12 porções

Drink Festivo
(Frutas com Sidra)

DRINK FESTIVO (FRUTAS COM SIDRA)

Ingredientes

1/2 xícara (chá) de uvas sem sementes cortadas ao meio
1 laranja com casca cortada em rodelas
1/2 xícara (chá) de morangos cortados ao meio
1/2 xícara (chá) de melão picado
500 ml de refrigerante de limão
1 garrafa de sidra de maçã
2 ramos longos de hortelã
Bastante gelo

Modo de preparo

Em uma jarra grande (talvez sejam necessárias duas) misture a sidra, o refrigerante, as frutas e os ramos de hortelã. Acrescente gelo antes de servir.

Rendimento: 10 porções

Pernil Assado

PERNIL ASSADO

Ingredientes

1 pernil suíno de aproximadamente 3,5 kg
2 cebolas picadas
8 dentes de alho picados
2 colheres (sopa) de extrato de tomate
200 ml de suco de laranja
100 ml de vinagre de vinho branco
100 ml de azeite de oliva
400 ml de vinho branco seco
1 xícara (chá) de salsinha picada
2 colheres (sopa) de açúcar mascavo
Sal e pimenta-do-reino a gosto

Modo de preparo

Coloque o pernil em um recipiente fundo ou em um saco plástico grande. Misture todos os demais ingredientes e jogue sobre a carne massageando bem. Mantenha na geladeira por um período de 12 a 24h.

No dia de assar, deixe em temperatura ambiente por 1 hora. Coloque na assadeira com apenas 1/3 da marinada.

Aqueça o forno em 180ºC por 15 minutos. Cubra o pernil com papel-alumínio e leve ao forno. A cada 30 minutos regue o pernil com a marinada. Se o caldo da assadeira secar, adicione mais. O tempo de forno é em torno de 1h por quilo de carne. Quando o pernil estiver cozido, retire o papel-alumínio para dourar. Ao final, retire o pernil da assadeira e sirva com os acompanhamentos desejados.

Rendimento: 15 porções

Salpicão

SALPICÃO

Ingredientes

2 peitos de frango cozidos e desfiados
2 cenouras cruas e raladas
1/2 xícara (chá) de talo de salsão picado
1/2 xícara (chá) de nozes picadas
1/2 xícara (chá) de azeitonas verdes sem caroço picadas
1/2 xícara (chá) de salsinha
1 lata de milho verde
1 lata de ervilha
1 xícara (chá) de palmito picado
2 maçãs verdes sem casca cortadas em cubinhos
1 xícara (chá) de abacaxi sem miolo picado
150 g de uva-passa sem semente
1 cebola grande picada
200 g de creme de leite
500 g de maionese (pode ser que não utilize tudo)
2 colheres (sopa) de mostarda
Sal a gosto
1 pacote (200 g) de batata-palha

Modo de preparo

Misture todos os ingredientes menos a maionese e a batata-palha. Vá acrescentando a maionese aos poucos e misturando, até chegar ao ponto de cremosidade que você deseja. Coloque em um recipiente e na hora de servir acrescente a batata-palha por cima.

Rendimento: 10 porções

Bacalhoada

BACALHOADA

Ingredientes

500 ml de azeite
2 cebolas cortadas em rodelas
1,5 kg de bacalhau dessalgado, cozido e desfiado em lascas
10 tomates tipo cereja ou uva cortados ao meio
1 pimentão verde cortado em tiras
1 pimentão amarelo cortado em tiras
1/3 xícara (chá) de azeitonas verdes sem caroço
1/3 xícara (chá) de salsinha picada
Sal a gosto
500 g de batatas sem cascas, cortadas em rodelas grossas
3 ovos cozidos cortados em 4 partes

Modo de preparo

Cozinhe as batatas até ficarem "al dente", ou seja, ainda firmes. Regue o fundo do refratário com um pouco de azeite e espalhe as rodelas de cebola. Por cima coloque as batatas. Misture o bacalhau, os tomates, os pimentões e as azeitonas. Coloque um pouco de sal. Espalhe a mistura sobre as batatas. Regue com bastante azeite, cubra com papel-alumínio e leve ao forno preaquecido em 180ºC por 40 minutos. Retire o papel, adicione a salsinha e os ovos cozidos e volte ao forno por mais 10 minutos.

Rendimento: 10 porções

Barquinhas de Batata com Peito de Peru

BARQUINHAS DE BATATA COM PEITO DE PERU

Ingredientes

5 batatas cozidas e cortadas ao meio
1 xícara (chá) de peito de peru picado em cubos
1/2 xícara (chá) de cream cheese
1 colher (sopa) de manteiga sem sal
1 colher (chá) de alho triturado
2 colheres (sopa) de cheiro-verde
1 gema de ovo
Sal e pimenta-do-reino a gosto
1/2 xícara (chá) de queijo parmesão ralado

Modo de preparo

Corte as batatas ao meio e retire uma parte da polpa formando uma barquinha. Misture a polpa retirada com a manteiga, a gema e o cream cheese. Junte o peito de peru, o alho triturado e o cheiro-verde. Acrescente sal e pimenta-do-reino a gosto. Recheie as batatas novamente com esta mistura. Salpique queijo parmesão ralado e leve ao forno em 200ºC até gratinar a superfície.

Rendimento: 10 porções

ANOTAÇÕES

ANOTAÇÕES

ANOTAÇÕES

ANOTAÇÕES

ANOTAÇÕES

ANOTAÇÕES

COMPRE UM ·LIVRO· doe um livro

NOSSO PROPÓSITO É TRANSFORMAR A VIDA DAS PESSOAS ATRAVÉS DE HISTÓRIAS. EM 2015, NÓS CRIAMOS O PROGRAMA COMPRE 1 DOE 1. CADA VEZ QUE VOCÊ COMPRA UM LIVRO DA BELAS LETRAS VOCÊ ESTÁ AJUDANDO A MUDAR O BRASIL, DOANDO UM OUTRO LIVRO POR MEIO DA SUA COMPRA. TODOS OS MESES, LEVAMOS MINIBIBLIOTECAS PARA DIFERENTES REGIÕES DO PAÍS, COM OBRAS QUE CRIAMOS PARA DESENVOLVER NAS CRIANÇAS VALORES E HABILIDADES FUNDAMENTAIS PARA O FUTURO. QUEREMOS QUE ATÉ 2020 ESSES LIVROS CHEGUEM A TODOS OS 5.570 MUNICÍPIOS BRASILEIROS.

SE QUISER FAZER PARTE DESSA REDE, MANDE UM E-MAIL PARA
livrostransformam@belasletras.com.br

Este livro foi composto em Cabin e impresso em papel couchê 150g pela gráfica Pallotti em novembro de 2017.